सार - संसार

श्री चरण रेणु

अज्ञानतिमिरान्धस्य
ज्ञानाञ्जनशालाकया
चक्षुरुन्मीलितं येन
तस्मै श्रीगुरवे नमः।।

BlueRose ONE
Stories Matter
New Delhi • London

BLUEROSE PUBLISHERS
India | U.K.

Copyright © Shree Charan Renu 2023

All rights reserved by author. No part of this publication may be reproduced, stored in a retrieval system or transmitted in any form or by any means, electronic, mechanical, photocopying, recording or otherwise, without the prior permission of the author. Although every precaution has been taken to verify the accuracy of the information contained herein, the publisher assume no responsibility for any errors or omissions. No liability is assumed for damages that may result from the use of information contained within.

BlueRose Publishers takes no responsibility for any damages, losses, or liabilities that may arise from the use or misuse of the information, products, or services provided in this publication.

For permissions requests or inquiries regarding this publication, please contact:

BLUEROSE PUBLISHERS
www.BlueRoseONE.com
info@bluerosepublishers.com
+91 8882 898 898
+4407342408967

ISBN: 978-93-5819-309-1

Cover design: Tahira
Typesetting: Tanya Raj Upadhyay
Editing: Mr. Ramswaroop kyal

First Edition: September 2023

विषय वस्तु

PART 1 सार 1

1. गुरु वंदना 2
2. गुरु गौरांग 3
3. विश्वास 5
4. हृदय 6
5. जिज्ञासा कैसी हो 7
6. गुरु शरणागति 9
7. उद्देश्य 10
8. कृष्ण महिमा 12
9. प्रार्थना 14
10. कृपा 16
11. प्रीति 17
12. नाम महिना 19
13. रूप 21
14. लीला 23
15. वृंदावन 25
16. आनंद 27
17. प्रेम दशा 28
18. विरह 30
19. मिलन उत्साह 31
20. मिलन की तैयारी 33

21.	मिलन	35
22.	सांवरिया	37
23.	आंख मिचौली	39
24.	मनोहार	40
25.	चरणों की कृपा	42
26.	राधा कृष्ण	43
27.	कुंज	45
28.	राधा भाव	47
29.	श्रवण	48
30.	शास्त्रों की महत्ता	50
31.	गीता	51
32.	आत्मा शरीर संबंध	53
33.	सत्य	55
34.	प्रेमी भक्त	57
35.	गोलोक धाम	59
36.	मन से बात	61

Part 2 संसार 62

1.	माता पिता	63
2.	जीवन चक्र	65
3.	दोस्त	67
4.	गपशप	69
5.	सीख	71
6.	महामारी	72

7.	लॉक डाउन	74
8.	रोग राजनीति	76
9.	लॉक डाउन का भ्रम	78
10.	भारतवासी	80
11.	लकीरें	81
12.	सफेद	83
13.	ख्वाब	85
14.	रात	87
15.	आकाश	88
16.	सावन	89
17.	तूफान	91
18.	अनोखी दुनिया	94
19.	बेफिक्र	96
20.	नज़रें बोलती हैं	97
21.	पहली मुलाकात	99
22.	अजनबी	100
23.	नजदीकियां	101
24.	बेवफा	102
25.	अनजाना	104
26.	टूटे रिश्ते	106
27.	अधूरे किस्से	107
28.	औरत	109
29.	धुंधला	110

30. परमानंद............111
31. लेखक............113
32. दोषी कौन............114
33. दिखावा............116
34. दुख एक भ्रम............117
35. मृत्यु............119

PART 1

सार

1. गुरु वंदना

ना कोई मंज़िल, न रास्ता था,
खुद को खोकर मैं जी रहा था,
अपना कर मुझे इस लायक बना दिया,
पतित को प्रभु का सेवक बना दिया।।

गुरु की दृष्टि पड़ी जब मुझ पर,
लोहे को चमकता सोना बना दिया,
कलमशताओ से भरे इस मन को,
कृष्ण चरणों में अर्पित करवा दिया।।

आपकी हर वाणी देती है सीख नई,
आंखों से हर दम बरसे शीश ही,
कृपा दृष्टि ने आपकी मुझे संवार दिया,
कृष्ण को मेरा अपना बना दिया।।

राधा रानी से करती हूं विनती यही
सानिध्य आपका मिलता रहे हर घड़ी,
कोई भूल ना हो मुझसे भूल कर भी,
आपकी प्रसन्नता ही रहे सर्वोपरि।।

2. गुरु गौरांग

गुरुदेव की हर बात है निराली,
निताई गौर कृपा है पहली प्रणाली।
समझाई थी गुरु ने कभी ये बात,
इस पतित के मन को भाई आज।।

गौर प्रेम से भीगने लगा यह मन,
निताई ने जब लुटाया अपना धन।
नृत्य कर रहे देखो, नदिया बिहारी,
इस छवि पर मैं जाऊं बलिहारी।।

उनके चेहरे को चूमते घुंघराले बाल,
जैसे भंवरों का हो कोई झुंड विशाल।
निताई गौर नाच रहें बैयां डाल,
हरि नाम की छिड़ी जब मधुर ताल,
गुंजायमान अंबर, रुक गया काल।।

कटिली चितवन, चमचमाता गौर वर्ण,
रोमांचित तन, पुलकित होता कण-कण।
अश्रु से भरे नयन दयाल,
नृत्य में कुशल नंदलाल,
बनकर गौर कर रहे कमाल।।

दृश्य नजरों से ओझल ना हो कभी,
मूंद मूंद कर आंखें जाना चाहूं वही,
रो-रो कर गुरुदेव से करू यही पुकार,
चलो लेकर संग अपने फिर एक बार।।

3. विश्वास

भक्ति के पथ पर,
स्मरण हर पल कर,
विश्वास की रस्सी पकड़,
फिर ना रहेगा कोई डर।

भांति भांति के मिलेंगे लोग,
विभिन्न विचारों का देंगे लोभ,
अपने विश्वास पर रहना अटल तू,
अपने मार्ग पर चलना अडिग तू।।

संशय की लगने न देना चिंगारी,
पग पग पर होगी परीक्षा भारी,
खुशियों की होगी घड़ी सुहानी,
बस ईश्वर कहदे ये है हमारी।।

भक्तों की हो ऐसी प्रीति,
भगवान बन जाए उनकी नियति।
विश्वास की डोर हाथों में थामकर,
राम का हो जा राम को जानकर।।

4. हृदय

प्रेम की राह पे चलते चलते,
घबराने लगा है मेरा मन,
टूट ना जाए ये संबंध,
दिल में मची है हलचल।

इस माया की नगरी में,
चारों ओर है आकर्षण
कहीं किसी प्रलोभन में,
फस ना जाए मेरा मन।।

माया रचती कितने प्रपंच,
लुभाती मेरा चंचल मन,
इससे पहले ही मेरे मोहन,
हर लो मेरा हृदय कोमल।।

दृष्टि जो तेरी मुझ पर पड़ेगी,
संसार शक्ति शिथिल पड़ेगी,
हे॰ श्यामसुंदर करूं प्रार्थना यही,
थाम लेना मन जो भटक जाए कहीं।।

5. जिज्ञासा कैसी हो

यूंही चल रहे थे हम तो,
हो रहा था जीवन व्यतीत,
धन और वैभव के संग्रह को,
मान बैठे हम लक्ष्य दीप।

यह मनुष्य जीवन पा कर भी,
उठा न सके हम कोई लाभ,
करते रहें पशु की भांति,
जीवन में बस भोग विलास।

सवाल करने की है क्षमता,
जवाब में नहीं हमारी ममता,
व्यर्थ ही करते रहे जिज्ञासा
कृष्ण प्रेम की नहीं अभिलाषा।

छेड़ो एक बार भगवत चर्चा,
मिल जाएगा जीने का पर्चा,
आनंद का होगा ऐसा संचार,
दुख रहित होगा संसार।

कृष्ण प्रीति की हो जिज्ञासा,
फिर संतों का लगेगा तांता,
चरण रज जो उनकी पाए,
संशय सारे दूर हो जाए।।

6. गुरु शरणागति

हृदय में उठ रही हिलोर है,
प्रेम की हो रही भोर है
जाने कहां से काले बादल छाए,
रोशन लौ मोह की आंधी बुझाए।
जब भी कदम आगे बढ़ना चाहे,
संसार की बेड़ियां बंदिश लगाएं।
ईश्वर प्रेम में यह मन डूबना चाहे,
इंद्रियां विषय जाल में उलझाएं।
कोई तो मुझे रास्ता दिखाए,
इस संशय से मुझे बचाए।।

गुरु का जब आश्रय पाएं
बंद दरवाजे सब खुल जाए,
संशय सब पल में मिट जाए,
प्रेम से मन विभोर हो जाए
गोविंद ही गुरु रूप में आए।
शरण हम जब उनकी जाए,
करे स्वीकार गोविंद बाहें फैलाए।।

7. उद्देश्य

जीवन का लक्ष्य क्या है,
बंधु तेरा मकसद क्या है,
यहां जो मिला जन्म तुझे,
इसका उद्देश्य क्या है?।

मनुष्य जीवन है कितना दुर्लभ
तेरे लिए जो बन गया सुलभ,
व्यर्थ इसे क्यों खो रहा तू
फंसा संसार में रो रहा तू।

अपनी मंजिल को पहचान,
ईश्वर का तू कर गुणगान,
इस जीवन का महत्व जान,
जाना है बस उसी के धाम।

जीवन मृत्यु का चक्र तोड़ने,
भक्ति का रस तू चख ले,
नित्य हरि का नाम भज कर,
परम उद्देश्य प्राप्त कर ले।

मनुष्य जीवन का है अर्थ यही,
हो ना जाए यह व्यर्थ कहीं,
राम नाम से कर इसे पावन,
ईश्वर प्रेम बन बरसेगा सावन।

8. कृष्ण महिमा

आंखों ने पूछा मन से सवाल
जगत में तू आया बनके मेहमान,
क्यों नहीं लगाव तुझे जगत से,
क्यों कृष्ण प्रेम में रहता मगन रे।

दिल ने मुस्कुराकर कहा,
मन में बसा मेरा श्याम,
हर धड़कन में कृष्ण नाम।

कृष्ण है आकर्षण,
कृष्ण ही है सक्षम,
अद्भुत कृष्ण का स्वरूप,
मोहक उसका हर रूप।

कृष्ण की लीला निराली,
उसकी मधुर मुस्कान पर
मैं तो जाऊं बलिहारी।

आंखों ने झुका ली पलके,
अश्रु जब लगे बहने,
हर बूंद में भरी थी आस,
कृष्ण दर्शन का विश्वास।।

9. प्रार्थना

करूं अरदास यही में आज,
कृष्ण कृपा रहे सुबह सांझ।

अभिलाषाएं नहीं कुछ खास,
बस प्रभु दरस की है आस।

संसार में चाहे जैसे हो प्रवास,
गोलोक धाम में करे निवास।

माया से चाहे रहे आवृत,
प्रभाव से उसके रहे निवृत।

संबंधों का कर्तव्य से रहे वास्ता,
प्रेम बने कृष्ण प्राप्ति का रास्ता।

मृत्यु का हमें ना हो भय,
कृष्ण मिलन की हो विजय।

आकर्षित हमें ना कर सके संसार
मन में हो कृष्ण नाम की झंकार।

बस इतनी सी है मेरी प्रार्थना,
मन में बसे रहें परमात्मा।

मेरी आकांक्षाओं का थोड़ा सा भार,
उठा ले माधव होगा बड़ा उपकार।

10. कृपा

कर प्रार्थना मैं हारी,
कैसे होगी जीत हमारी
हम नहीं प्रेम के काबिल,
फिरभी अवगुणों से निकारी।

गुरु से जो मिला मंत्र,
शुद्ध हो गया तन,
निर्मल हो गया मन,
जब पाया नाम धन।

करके दर्शन तुम्हारा,
कष्टों से मिला छुटकारा,
अपराध का बोझ उतारा,
कृपा ने तेरी मुझे संवारा।

पग पग पर बरसे कृपा,
गुरु से जीवन उद्देश्य पा,
दिया प्रेम भक्ति का तौफा,
जो पाने की न थी योग्यता।

11. प्रीति

प्रेम में तेरे हो गई मस्तानी,
सर्वस्व अपना तुझ पर वारी,
रूप देख तेरा हुई दीवानी,
सुध बुध खोई सबकुछ हारी।

यह तन तेरा,
यह मन तेरा,
जग का कण-कण तेरा,
छूटा संसार रूपी लकड़,
पाया तुझमें बेमोल हीरा।

कृष्ण कहूं तुझे,
या राम पुकारू,
जीवन में बस तेरा नाम पुकारू,
तेरे नाम से महके अंग अंग मेरा,
रूप माधुरी तेरी निरंतर निहारु।

व्याकुल होता मन,
तरस गए नयन,
पाने तेरी एक झलक मोहन।
प्रेम की तुमसे लागी ऐसी लगन,
प्रीति में तेरी हो गई मैं मगन।।

12. नाम महिमा

नाम का है ऐसा प्रभाव,
निर्मल हो जाता स्वभाव,
नाम जो एक बार है लेता
हृदय में उसके प्रेम उमड़ता।

कृष्ण की लगाकर ध्वनि,
निर्धन भी हो जाता धनी
ऐसी अद्‌भुत इसकी माया,
आनंद हर ओर है छाया।

हरि नाम की देखो महिमा,
इसकी ऐसी है गरिमा,
बस जाए कृष्ण मन में,
तर जाए पाषाण जल में।

राम नाम मैं ऐसी शक्ति,
कृप्पण को भी देता भक्ति,
मन से जो लेता पुकार,
खुल जाता उसका प्रेम द्वार।

कृष्ण का सब करते गुणगान,
पर नाम की महत्ता से अनजान,
कलयुग का ये है आधार,
कृष्ण से बड़ा कृष्ण का नाम।।

13. रूप

जब आए याद तेरी
तस्वीर बन जाती है,
ढूंढती ये मेरी नजरें,
तुझ पर ठहर जाती है।

तू बड़ा चंचल है,
पल भर में छुप जाता है,
ढूंढूं तुझे मैं यहां वहां,
बैठा मन में चिढ़ाता है।

कभी कहीं रास रचाए तू
बंसी कभी बजाए तू
चित की तू करता चोरी
मन मोहिनी रूप दिखाए तू।

नैनों से करुणा झलकाता,
बातों से कभी रस बरसाता,
हर रूप पर बलिहारी जाऊं,
कैसे मन में तुझे बसाऊं।।

तेरे किस रूप से मोहन,
जीवन मैं अपना सजाऊं,
होना ना आंखों से ओझल,
तुझसे मैं बस यही मनाऊं।।

14. लीला

कृष्ण की लीला देखो,
अद्भुत इसकी क्रीड़ा देखो,
समझ ना पाए कोई उसको,
करता मोहित फिरभी मन को।

माता को ब्रह्मांड दिखाए,
फिर भोली सूरत बनाए।
गोपियों संग नारी रूप सजाए,
सौंदर्य से राधे चकित रह जाए।
वृंदावन में जब रास रचाए,
हर गोपी संग वो नजर आए।
इंद्र जब कहर बरसाए,
तर्जनी पर गोवर्धन उठाए।
कालिया पे पद चिन्ह सजाएं,
नृत्य कर राधिका को रिझाए।
ग्वाल बाल संग माखन चुराए,
मैया के पर हाथ ना आए।
असुर संघार करता जाए,
गंतव्य तक उनको पहुंचाए।

सच्ची प्रीत का पाठ पढ़ाए,
चितचोर श्याम मन हर जाए।
पल भर में सखा बन जाए,
सदैव भक्तों का मान बढ़ाए।
युद्ध में चमत्कार दिखाए,
बिन शस्त्र प्रहार कर जाए।
आंखों में छवि बन जाए,
मन में ये लीला बस जाए।।

15. वृंदावन

कृष्ण की ये नगरी निराली,
बहता जहां यमुना का पानी,
पत्ता पत्ता डाली डाली,
सुनाए राधा कृष्ण कहानी।

रज पर पद चिन्ह की छाप,
कोयल करती हरि नाम अलाप,
बंदर भी रटते नाम जाप,
स्मरण से ही कट जाते पाप।

मंदिरों का यहां भव्य दर्शन,
हर मूरत में बसे राधा कृष्ण,
चंद्रिका से जगमगाए वृंदावन,
रास रचाए जब गोपियां गोपन,

साधु संतों का यहां डेरा,
धन्य हो जा बनकर चेरा,
दिखाकर भक्ति का मार्ग तुझे,
कृष्ण से मिलन करा देंगे तेरा,

ब्रज रज का भस्म लगाकर,
इस रज की महिमा गाकर,
धन्य हो राधा कृष्ण पाकर।

जान ले इस नगरी की माया,
धरती पर गोलोक है आया,
वृंदावन रूप में हमने पाया।।

16. आनंद

मनुष्य हर पल करता है श्रम,
सुख इच्छा से ओतप्रोत मन,
समझे ना ये सुख दुख है भ्रम,
आनंद तो है बस तू ही मोहन।

तेरे नाम से स्फुरित होता मन,
तेरी कथा मिलाती तुझसे नंदन,
करना चाहूं कितना भी नज़रों में बंद,
अश्रु बनकर बह जाता बिन क्रंदन।

कब मन में ठहरेगा तू बनकर आनंद
कब जीभा पर होगा नित्य तेरा भजन,
कब आंखों में होगी तेरी ही तस्वीर
कब सुनाई देगी मेरे हृदय की पीर।

मेरे प्रेम में ही है कुछ कमी प्यारे,
गोपियों पर तो तुमने सर्वस्व वारे,
उनसे करती प्रार्थना दासी उनकी,
मन में मेरे बसे सदा चरण तिहारे।।

17. प्रेम दशा

हृदय में नई तरंग छाई है,
माधव ने बेचैनी बढ़ाई है,
डरता है मन, जान ना ले कोई,
आंखों में पहचान ना ले कोई।

आनंद का हो रहा है प्रवाह,
इल्जामों की भी बौछार यहां,
बाधा बन जाए चाहे सारा जहां,
अब जग की मुझे परवाह कहां।

आन बान की नहीं सुध मुझे,
दिल दिया जब से मोहन तुझे,
तेरे इश्क ने कर दिया दीवाना मुझे,
इस जग से कर दिया बेगाना मुझे।

तोड़कर मोह माया की बेड़ियों को,
तेरा ध्यान धरूं दिन रैन अब तो,
कृष्ण प्रेम का चढ़ा रंग,
झूम उठा मेरा अंग अंग।

कहती मैं खुलकर आज,
तज कर सारी शर्म लाज,
लगी लगन तुझसे मेरे श्याम,
जीयूं बस लेकर तेरा नाम।।

18. विरह

कृष्ण से जब लागी लगन,
हृदय में उठी विरह अगन
प्रेम में ना हो सका मिलन,
हाथ आई बस तड़प चुभन।

ऊंचा गांव से आया कन्हैया सवेरे,
छुपते छुपाते सबसे नजरें फेरे,
क्यों ना ठहरी वो नज़र मुझ पर,
रहती थी जो सदा मुझे घेरे।

किस कर्म की मिली सजा मुझे,
गोविंद ने पलट कर ना देखा मुझे,
कौन सा दोष मेरे सामने आया,
करुणानिधान ने क्यों मुझे बिसराया।

हाथ जोड़ राधे करूं प्रार्थना यही,
मुझ पतित पर एक बार डालो दृष्टि,
तेरी कृपा जो बरसेगी मेरे आंगन,
तभी होगा कृष्ण से मेरा मिलन।।

19. मिलन उत्साह

दिल मेरा करता क्यों छेड़खानी,
पूछे मन से, है तू किसकी दीवानी,
मन लगा घबराने मेरा,
जैसे की कोई गुस्ताखी।

धीरे से बोल सहेली,
राज मत खोल सहेली,
मन में बसा पिया मेरा,
क्यों बुझे तू ये पहेली।

क्यों इतना सकूंचाए तू
क्यों बातें दिल की छुपाए तू,
खुलकर चाहत कर बयां,
ख्वाहिशों से क्यों घबराए तू।

मन मेरा मजबूर है,
पिया मुझसे दूर है,
कर दूंगी जग जाहिर प्यारी,
नाचूंगी तोड़ बेड़ियां सारी,

आएगी जब मिलन की घड़ी,
आंसुओं की लगेगी झड़ी,
पिया का जब होगा दीदार,
मन मंदिर में छाएगी बहार।।

20. मिलन की तैयारी

सांझ पर पड़ा रात्रि का साया,
चंद्रमा वक्त से पहले आया,
सूरज छुपने से कतराया।

ज्यूंही सुनी बंसी की ध्वनि,
अपनी पलकों को समझाया
गिर कर बनना ना बाधा तू,
जुगल मिलन का समय आया।

जमुना में हो रही हलचल,
तट पर सेज सजा रहे साजन,
पत्ते स्वयं बिछ गए उड़ कर,
आतुर हो रहे इस मिलन पर।

मंद मंद चल रही है पवन,
फैला रही अद्भुत सुगंध,
सूर्यास्त पर खिले हैं फूल,
भंवरे झूम रहे रस चूम।

पंछी लौटे ना अपने सदन,
बिन मौसम हो रही गर्जन,
प्रकृति सज धज है तैयार,
प्रिया का प्रियतम को इंतजार।।

21. मिलन

कृष्ण की बजी बंसी,
मधुवन में मधुरता बरसी,
मिलन को गोपियां तरसी,
भागी तोड़ कर कलशी।

राधिका कर रही शृंगार,
सखियों ने ली नज़र उतार,
श्याम वर्ण की ओढ़ी चुनर,
नीली चूड़ी मोतियों का हार।

अष्ट सखियों से घिरी किशोरी ,
निहार रही पिया की गली,
प्रकृति भी सज धज खड़ी,
अदभुत मिलन की आई घड़ी।।

इधर-उधर ताके कृष्ण की नज़रें,
प्रिया की एक झलक को तरसे,
नज़रों से जब मिली नज़र,
रुक गई मोहन की धड़कन,

स्तब्ध रह गया सारा कानन।
प्रियतमा देख हुई निहाल
रूप माधुरी की संभाल,
श्याम वर्ण पर पीत रंग,
रोम रोम में लगी अगन,
मन राधा का हुआ मगन।।

22. सांवरिया

मोरा सुंदर सांवरिया करता मनमानी,
तिरछी नजरों से करता छेड़खानी,
जब जब बजाता मुरली मनोहर,
नाचे राधा रानी होकर दीवानी ।

नटखट सांवरिया करता माखन चोरी
पीछे पीछे भागे उसके ब्रज की छोरी,
मैया जब डांटे कान्हा को,
सूरत बनाएं वो भोरी भोरी।

गैया चराने जाता संग लेकर टोली,
जमुना तट पर भिगोए वो चोली,
रास रचाए खेले गोपियों संग होली,
देख अद्भुत दृश्य शिव की नियत डोली।

काटकर विष कालिया का प्यासों की भरी झोली
चकित हो रहे ब्रजवासी लगाए जयकारा की बोली।
मोहने मन किशोरी का नृत्य कर रहे मुरारी,
सकुचाती, मन ही मन हर्षाती राधिका प्यारी।

रंग रूप बदलता कितने लीला करता लीलाधारी,
छोटी उंगली की चोटी पर उठाएं गोवर्धन भारी,
इंद्र से जब की रक्षा नाम पड़ा गिरधारी,
ऐसी मधुर बजाई बंसी बेसुध हुए नर नारी।

ऐसा है मोरा सांवरिया करता चित्त की चोरी,
ना जाने कब मैने उससे बांधी प्रेम की डोरी,
टूटने ना दूंगी ये डोर अब कभी
चाहे वो खेले आंख मिचोली।

23. आंख मिचौली

प्रभु दर्शन को व्याकुल मन,
एक पल सामने खड़ा मोहन.
दूसरे ही पल हो जाता ओझल,
आंख मिचौली करता भक्तों संग।

देखा है उसे चराते गैया,
नाम पड़ा माखन चुरईया,
माखन दिखा मुझे चिढ़ाए,
जाऊं पास तो हाथ ना आए।

अठखेलियां हृदय बस जाए,
ढूंढू मैं, वो छिप जाए।
छलिया है तू बड़ा निराला,
मैंने मन ने अब ये ठाना,
पड़ेगा तुझे मुझतक आना।

स्मरण उसका करती जाऊं,
इंतजार में अश्रु बहाऊं,
नही निष्ठुर वो जल्द आएगा,
भक्तों से दूर ना रह पाएगा।।

24. मनोहार

तेज हो रही धड़कन,
व्याकुल हुआ मन
आ भी जाओ अब मोहन,
कर लूं नयन भर दर्शन।

कब से बिछड़ी हूं तुझसे,
ना जाने कब छूटा संग,
रूठा है क्यों तू मुझसे,
तुझे पुकारे मेरा अंग अंग।

जब तूने पकड़ी कलाई
रोष मैं मैंने दी झटकाई,
क्यों दिल से उसे लगाई,
ऐसी कठोर सजा सुनाई,
मोह माया में मुझे फसाई।

माखन की तूने तोड़ी मटकी,
मैने भी दी तुझे लठ की,
क्या यही बात तुमको खटकी,
मुझसे जो तेरी नजरें भटकी।

कर ली बहुत आंख मिचोली,
आ जाओ तुम लेकर टोली,
हाथों से माखन मिश्री खिलाऊं,
हर शरारत पर वारी जाऊं
तेरे सारे नाज़ उठाऊं।।

25. चरणों की कृपा

वन में विचरण करते घनश्याम,
चराते गैया करते गोप संग गान,
पैरों पर पड़े चोट के निशान,
राधिका भई आतुर यह जान।

लगाई राधे ने कान्हा को फटकार,
क्यों न पहनी पादुका पूछे बार-बार,
मैया से करूंगी मैं ये सवाल,
क्यों न देखे लाल का हाल।

पकड़ हाथ बिठाए कान्हा,
धीर धरो मेरी प्यारी भामा,
गोवर्धन है विधाता, गैया हमारी माता
करूं कैसे निरादर यह तूही बता ना।

हाथों में ले चरणों को अश्रु बहाती,
देख कृष्ण करुणा सर्वस्व वारती,
चरणों को हृदय पर दिया स्थान,
सारी व्यथा तेरी हर लूंगी नंदलाल,
कृपा पाकर तेरी हुआ जग निहाल।।

26. राधा कृष्ण

राधे कृष्ण राधे कृष्ण सभी है रटते,
नाम इन दोनों के क्यों साथ जपते,
कृष्ण की हर लीला में है राधा,
दोनो का हिस्सा है आधा-आधा।

जब राधिका संग कृष्ण रचाए रास,
पद चिन्हों में होता दिव्य प्रकाश।

राधिका की धड़कन की आवाज,
है कृष्ण की मुरली का साज।

रिझाने को किशोरी का मन,
कालिया पर करते नृत्य प्रदर्शन।

कितने ही छप्पन भोग लगाए लोग,
कृष्ण को तो प्रिय राधे का भोग।

मैया की रस्सी से ना बंधे कान्हा,
राधे की डोर का था मान बढ़ाना।

मोहित कर जग को नाम पड़ा मोहन,
मूर्छित हुए देख मोहनमोहिनी का यौवन।

हर मंदिर हर मूरत में बसते राधा कृष्ण,
प्रेम भक्ति का मार्ग दिखाते राधा कृष्ण।।

27. कुंज

सुंदर एक नगर में कहीं,
दृश्य ऐसा कहीं और नहीं,
सजी-धजी खड़ी प्रकृति
सौंदर्य युक्त है आकृति।

नीले अंबर का आश्रय वहां,
है हरियाली नज़रे जाए जहां।
सुंदर उपवन से घिरी ये भूमि,
ठहरी जहा एक झील अजूनी।

मोतियों सा चमकता जल,
जब सूरज की पड़ती किरण,
वृक्षों पर फलों की मधुरता
आकर्षक फूलों से वन महकता।

खिला वहां एक कमल विशाल,
भंवरे जिसका करते रस पान,
बैठे उसमें एक नर नार।

उनसे निकलता दिव्य प्रकाश,
सुन मधुर बंसी की आवाज,
पवन संग पंखुड़ियां कर रही रास।

देख कर ये अद्भुत नजारा,,
झूम उठा निकुंज सारा,
प्यारी संग सुशोभित प्यारा।

28. राधा भाव

एक बार सुन कर कृष्ण का नाम,
राधे के मुख से हुआ ऐसा परिणाम,
निर्जल आंखों से अश्रु लगे बइने,
आनंद लगा हिलोरे लेने हृदय में,
अब आए धरा पर राधे संग श्याम।

लोग कहते हैं गौरांग है करुगा मूर्ति,
भूल बैठे भाव की किसने की पूर्ति,
कृष्ण कृष्ण रटते करते विरह विलाप,
राधा की पीड़ा का ना संभाल सके भार,
गौर बनकर जब कृष्ण ने लिया अवतार।

किसमे सामर्थ करें इस रुप का बखान,
श्याम ने छोड़ा अपने वर्ण का मान,
राधिका अंग कांति से सुशोभित आन,
पतितों को करने के लिए प्रेम दान,
राधा-कृष्ण मिलकर बने गौरांग।।

29. श्रवण

श्रवण करते-करते कृष्ण का नाम,
ढूंढती हूं उसे हर गली हर धाम,
हृदय में जब झांक कर देखा,
छुपकर मन मंदिर में था बैठा।

मनमोहक है छवि उसकी,
स्वर्ण मुकुट मोर पंख धारी,
नयनों से मारे कटाक्ष भारी,

कहते सब मधुर वाणी उसकी,
लाल होठों पर अद्भुत मुस्कान,
सर्वत्र जिस पर कर देते दान।

तिरछी कमर कटीला वक्षस्थल,
स्वर्ण कंगन सुशोभित हाथ,
मुरली को सदा रखता साथ।

चंचल है आंखें, चलता टेढ़ी चाल,
सांवला रंग उसका करता मोहित,
पायल बंधे चरणों पर मैं निहाल।

सुनकर इस छवि का गुणगान,
हृदय में हुआ रस का संचार,
रोम रोम में बस गया श्याम,
जब दर्शन का मिल वरदान ।।

30. शास्त्रों की महत्ता

धन संचय में जीवन सारा गवाते,
लाभ हानि में फंसकर रह जाते,
धन से शरीर को सजाते संवारते,
पर बीमारियों से ना निजात पाते।

स्थिति मन की कमजोर हो जाती,
टूट जाता मनोबल आघात पहुंचाती,
अवसाद ने चारों ओर से घेरा जब।
ईश्वर में मन को लगाओ तब।

मान अपमान की सुलझाने में गुत्थी,
भ्रमित हो जाती जब हमारी बुद्धि,
तनाव से बचने का मार्ग दिखाता,
अध्यात्मिक ज्ञान ही संशय मिटाता।

धन संग्रह भी है कर्तव्य माना,
पर मुश्किल है संतुष्टि कमाना,
संतुलित जीवन का है मंत्र पाना,
शास्त्र ज्ञान है तेरा ठिकाना।।

31. गीता

जीव की हर मुश्किल का समाधान,
भक्ति प्रेम का आदान-प्रदान,
भगवत वाणी की उदारता पहचान,
गीता ग्रंथ है अद्भुत महान।

छोड़ा कृष्ण ने माया बाण,
अर्जुन न पाया जिसको जान
रहा ना अपने कर्तव्य का भान,
करने तब जग का कल्याण,
अर्जुन को दिया आत्म ज्ञान।

शरीर के मोह का करो त्याग,
ईश्वर प्राप्ति का बनाओ मार्ग,
पाप पुण्य है जीवन का भाग,
इनमे तुम ना करन अनुराग,
जगा रहा ईश्वर, है मनुष्य जाग।

जीवन मृत्यु पर डाले प्रकाश,
निडरता करेगी हृदय में वास,
निराशाएं ना भटकेगी पास,
कर उसकी वाणी पर विश्वास,
गीता से लेकर शिक्षा कर प्रवास।।

32. आत्मा शरीर संबंध

शरीर की चाल ढाल देखकर,
भ्रमित हुआ ये मन,
कौन बैठा अंदर छिपकर,
ढूंढता ये तन।

सही गलत का चुनाव करता मैं,
फिर होता क्यों परेशान तू,
अच्छे बुरे कर्म करता मैं,
फिर होता क्यों हताश तू।

देखने वालों की नजरें देखें मुझे,
पूछने वालों के सवाल घेरे मुझे,
दुबक कर अंदर बैठा है तू
उत्तरदायित्व देकर मुझे।

बस बहुत सुने तेरे ताने,
संसार में तू चाहे जीते हारे,
जवाबदेही मेरी भगवान के द्वारे,
मिथ्या जगत से क्यों घबराता,
तेरा सत्य तो केवल विधाता।

अंतः शरीर को हुआ एहसास,
होती सच्ची विवेक की आवाज,
अंश परमात्मा का कहते उसे,
करता हमारे हृदय में जो वास।।

33. सत्य

जीवन का परम सत्य क्या है,
क्यों लिया जन्म यहां है,
मनुष्य तन क्यों हमने पाया,
लक्ष्य इसका समझ न आया।

सत्य है, तन का स्वस्थ होना,
या मन का निर्मल होना,
सत्य है, धन का अर्जन करना,
या प्रेम का आलिंगन करना।

सत्य है सदैव कर्म करना,
या कर्म का मर्म जानना,
शरीर का निर्वाह है सत्य,
या आत्मा की पुष्टि है सत्य।

सत्य है, जन्म से जुड़े संबंध,
या आत्म परमात्म संबंध।
सत्य है, संसार का सृजन,
या भगवत माया का पोषण।

परम सत्य है केवल एक,
शरीर से उठकर मन से देख।
आत्मा की जब होगी पहचान
परम सत्य का होगा भान।

34. प्रेमी भक्त

भक्तों का चरित्र,
होता सबसे विचित्र,
जग कहता इन्हें पागल,
कृष्ण प्रेम में रहते घायल।।

कृष्ण नाम उनका मंत्र,
अश्रु पतन करते सर्वत्र,
यह अश्रु होते है अनमोल
ईश्वर भी चुका ना सके मोल।।

उनका रोम-रोम है पवित्र,
फिरभी खुद को समझे दरिद्र,
भगवान भी जिन पर रीझ जाते,
स्वयं को निर्बल दास बताते।।

नैनों में भर कर मोहन का चित्र,
कभी बन जाते दास कभी मित्र,
कृष्ण के साथ लीला रचाते,
पतितो का उद्धार कर जाते।।

कर देते पावन सबका गोत्र,
कृष्ण मिलन का बनते श्रोत,
प्रेमी भक्तों का दर्शन है दुर्लभ,
कृष्ण कृपा से बन जाता सुलभ।।

35. गोलोक धाम

कल्पना से सुंदर ये जहां,
मेरे कृष्ण करते वास यहां,
गोपन की इस अद्भुत नगरी में
गोपी संग रास रचाए कान्हा।

गोलोक आकर्षणों का धाम है,
चह चहाती चिड़ियों का गान है,
बांसुरी की धुन पर झूमती,
राधिका का रमणीय स्थान है।

अद्भुत उपवन यहं लहराते
फूल जहां कभी न मुरझाते,
आपस में करते वार्तालाप है।
राधा की बेनी में सजने तैयार है।

सूरज अपनी लालिमा बिखेरें जहां,
चांद की चांदनी से युक्त अंबर वहां
दोनो का साथ अनोखा ऐसे,
राधिका से युक्त गौर जैसे।

ठहरा, शांत निर्मल झरने का पानी
कोई ना पहुंचाता किसी को हानि,
झरना बहता है उल्टा जहां,
धरती अंबर का मिलन वहां।

आंखों मैं बसे गिरधर गोपाल,
मनचाहा बुनते रूप जाल,
मनमोहक है लीलाधारी,
नैनों से करते छेड़खानी।

बांधी जब कृष्ण से प्रेम डोर,
अद्वितीय लोक में हुई भोर,
राधा कृष्ण से हुआ मिलन
सेवा प्राप्त कर हुई विभोर।

36. मन से बात

हे मन अब सुन मेरी,
बहुत सुन चुकी मैं तेरी,
दौड़ भाग करना छोड़ दे,
सुख-दुख से मुंह मोड़ ले।

एक निष्ठ हो ले हरि का नाम,
होकर विभोर एक बार पुकार,
करने विचरण चल हरि के धाम,
पवित्र सौंदर्य का कर आभार।

ढूंढ रहा क्या इस जगत में,
आनंद तो है कृष्ण चरण में,
वस्तु की क्यों कामना करे,
मिल गए जो माधव तुझे।

हर पल क्यों कर रहा भ्रमण तू,
अपनों की खोज में रहा भटक तू,
राधारमण ही है तेरे आधार,
उन्हीं से पाएगा बेमोल प्यार।।

Part 2
संसार

1. माता पिता

माता पिता है परमात्मा की मूरत,
रिश्ता ये निस्वार्थ सबसे खूबसूरत
होते है ये हर दुआ की सूरत।

जन्म से पहले मां महसूस करती हमको,
उतनी ही खुशी जन्म पर होती पिता को,
आंखों से खुशियां झलकती,
ईश्वर से जैसे मिली हो शक्ति।

गम की धूप में मां को पुकारे
मुश्किलों में हमें पिता संभाले,
त्याग बलिदान से कल संवारे।

निराशाओं के अंधेरों में,
हौसलों का दीपक जलाते,
भरोसा खुद पे करना सिखाते,
सफलता पे गौरवान्वित हो जाते।

सर झुका सजदे में आज,
करती इश का धन्यवाद,
मां-बाप का सर पर रहे हाथ।

मांगती बस यही दुआ,
मान उनका रहे सदा,
ऐसा कुछ मैं कर जाऊं,
गर्व से उनकी बेटी कहाऊं।।

2. जीवन चक्र

पुराने दिनों की कुछ खास है बात,
बिखरती मुस्कुराहट जब आती याद,
हर गुजरे लम्हें में छिपे जज्बात
हर पल बन जाता कल की याद।

फर्माईशों से भरी वो तोतली बोली,
परियों की दुनिया में करती ठिठोली,
अठखेलियों में डूबा निश्चल मन,
माता पिता के इर्द-गिर्द जीवन।
लाए मुस्कान जब आए याद।।

मासूम आंखों में नए नए सपने हर दम
हाथ मां का थाम शिक्षा की ओर बढ़े कदम,
दोस्ती की नींव पर नई मंज़िलो से हुई पहचान,
मन की डोर अब भर रही बेधड़क उड़ान।
बुनता जा रहा मन नई याद।।

दोस्तों के संग हर राज़ बांटे,
हर ख्वाहिश हर मुराद बांटे,
लड़ते झगड़ते एक दूजे का साथ निभाते
जवानी के यादगार पल संग बिताते।
ये बातें बन जाती मीठी यादें।

लड़कपन का वह पहला प्यार,
छुप-छुप कर करना इजहार
मन में उमड़े नए एहसास,
बन गया वो सबसे खास।
हर बीता पल बन जाता याद।

यूंही चलती हुई ये जिंदगी,
आखिरी मुकाम पर पहुंची,
एक बार फिर बच्चा बन,
जीना चाहे यह जिंदगी।
याद बनना चाहें जिन्दगी।।

प्रार्थना है यही हंसते हुए जाएं,
मिट्टी से बने मिट्टी में मिल जाए
मुस्कुराकर लेना हमारा नाम,
जब कभी आए हमारी याद।।

3. दोस्त

दोस्तों की आज आई याद,
समझा गई हमको यह बात
सुख-दुख के पलों में,
जरूरी है दोस्तों का साथ।

टिफिन खुलने का इंतजार करना,
खाने पर मिलकर झपटना,
हर एक निवाले पर झगड़ना,
फिर इन्हीं बातों पर साथ हंसना।।

रोज़ सुहाने उत्सव म्नाना,
मिलने का ढूंढते बहाना,
मिले ना चाहे कोई ठिकाना,
फिर भी सजता था गुलस्ताना।

वक्त ने जुदाई की खींची लकीर,
यारों बिन हम बन गए फकीर,
जाने कब आएंगी वो मस्तानी शाम,,
बुनने यारों संग बातों का जाल।

दौर फिर वही आएगा,
पल मुलाकातों का लाएगा,
बातों में फिर गुजरेंगी रातें,
हंसी के जहां लगेंगे ठहाके।

4. गपशप

मनुष्य बनाता है सामाजिक चाल ढाल,
बुनता रहता है बातों का जाल।
अपने जीवन पर चाहे मंडरा रहा हो काल,
पड़ोसियों के हर क्षण का रखता है ख्याल।।

हर जवाब में ढूंढता सवाल,
कब, क्यों, कैसे, हुआ ये हाल।
समाज है एक भव्य रंगमंच,
हर घर में होता रंगीन प्रपंच ।।

घर घर की अपनी ही कहानी है,
पर कहानियां दूसरों की भाती है,
किसने किसके साथ भिड़ाया टांका,
किसके यहां पड़ा कौन सा डाका।।

बातों का सिलसिला यूं ही चलता रहता,
अफवाह या सच बेपरवाह बहता रहता।
मनुष्य की यही तो है भूल,
खुद को नहीं देता वो तूल।।

बातें बनाते हुए खुद पर होता नाज़,
इन बातों में छिपे है कई दिलचस्प राज़।
ठहाके लगाकर हंसते हैं सभी,
चुटकुले हो पड़ोसी पर जब कभी।।

बातों बातों में बन जाते है किस्से,
सुख-दुख आएंगे आपके हमारे हिस्से,
चाहे करे हम कितनी भी ताका झांकी,
मुश्किल घड़ियां हमने मिलकर बांटी।।

गपशप करना तो हमारा अधिकार है,
फिर भी हम एक दूसरे का परिवार हैं,
एक दूजे के बिना ना हमारा आधार है,
यह खट्टा मीठा जीवन हमें स्वीकार है।।

5. सीख

हर उम्र में हमेअनुभव देते सीख,
माता-पिता देते अच्छे बुरे की सीख,
बुढ़ापे में सीखने की चेष्टा रहे अडिग,
अदान प्रदान से जीवन चलता सटीक।

नए लोग मेल जोल वार्ता सीखाते
साथी पुराने रिश्ते निभाना सीखाते।,
चाहे मुश्किलों से भरी हो डगर,
सीख दे जाता हर नया सफर।

रोज जिंदगी नए पाठ पढ़ाती,
समय नियंत्रण करना सिखाती,
रिश्ते काम में जरूरी है संतुलन,
सीखने में तो जिंदगी बीत जाती।

प्रकृति परिवर्तन कबूल करना सिखाती
हर रात सबेरे की उम्मीद जगाती
शिक्षा करती अस्तित्व का सृजन,
नई आशाओं से सजाओ जीवन।।

6. महामारी

यह कैसा अजूबा है,
इस ने सबको लूटा है,
मौत से हारा कोई
नौकरी का मारा कोई,

घर की जंजीरों में जकड़ा
हर दिन व्यर्थ ही बिताता
कभी जिसको समय न था
समय ही अब उसको चिढ़ाता

परिवार का साथ है किस्मत की बात,
उठाओ इस पल का तुमभी लाभ,
जब चक्र समय का ठहर जाएगा
अवसर यह फिर कभी न आएगा।

जो लोग घरों से दूर है
वो हालात से मजबूर है
किसी आंगन में है खुशियां
तो दूसरे गम में चूर है

कोई जूझ रहा मुश्किलों से,
कोई फर्मा रहा आराम है,
भिन्न-भिन्न है रूप इसके
करोना का अपना अंदाज है।

7. लॉक डाउन

लॉकडाउन शुरुआत में था मजा,
धीरे-धीरे यह बनती गई सजा,
कुछ नया करने को बाकी ना रहा,
बाहरी दुनिया देखे अरसा बीत गया।

दोस्तों की याद बहुत सताती थी,
न वीडियो कॉल दूरियां मिटाती थी,
मिलने को बेकरार मन पूछता तब,
रंगीन बातों से महफिल सजेगी कब।

रोज बनते थे घरों में नए पकवान,
शेफ बन गए हम सब बूढ़े जवान,
पानी पूरी फिरभी याद आती थी,
पापड़ी चाट बहुत ललचाती थी।

घरों में ही कैदी बन गए थे हम,
जन जीवन के लिए तड़पते हम,
थम गया था गाड़ियों का शोर,
कब गूंजेगी आवाज़ें चारों ओर।

कब छूटेगा लॉकडाउन से पीछा,
ईश्वर ले रहा था कैसी परीक्षा,
डर ने था सब को बंधक बनाया,
फिरभी कहते हम बस में है माया।

8. रोग राजनीति

देश को चलाने वालों सुनो,
बीमारी मैं ना राजनीति करो,
मिलजुलकर उठाओ कदम
एकजुट होंगे तो बढ़ेगा दम।

विपक्ष फेंक रहा अपना पासा,
चिकनी चुपड़ी बातों से सबको फांसा,
आपदा की घड़ी में भी लाभ उठाते
जनता को मगरमच्छ के आंसू दिखाते।

सामर्थवान कर रहा पूरा प्रयास,
गरीबों को मिली जीने की आस,
घर घर में दिए जलाकर
एकता का कर रहा प्रकाश।

जलने वाले लगा रहे पूरा जोर,
राग स्वतंत्रता का अलापते घूसखोर,
चंद पैसों के लिए बन जाते चोर,
रोग तो है इनके बहानों का शोर।

राजनीति को रखकर परे,
देखो होकर साथ खड़े,
कोई न झुका पाएगा हमें,
हुकूमत फिर दुनिया पर करें।

9. लॉक डाउन का भ्रम

घंटी की आवाज से
रोज सुबह उठते थे।
मम्मी की डांट से,
जब हम चिड़ते थे।
मासी का वो चिल्लाना
शरबत रखा है पी जाना।
नाश्ते को मेज पर सजाना,
साथ बैठकर भी अलग खाना।
टॉयलेट के लिए होती लड़ाई,
सबको जल्दी मची है भाई ।।

पर अब सन्नाटा छाया है,
ना घंटी का शोरगुल है,
ना मासी ने बुलाया है।
आज मा रही पुकार,
उठ, करने हैं काम हजार ।
झाड़ू पोछा करने के बाद,
भोजन सब करेंगे साथ।
ना टॉयलेट की हो रही लड़ाई,
बर्तनों की बस करनी है सफाई।।

लॉकडाउन के इस दौर में,
सजी कई खट्टी मीटी यादें,
अपनों से की मन की बातें।
इस स्तब्धता में अब
गूंजते हैं वही शब्द।
फिर कहीं से आ रही आवाज़,
फिर छिड़ा घंटी का साज।
लॉकडाउन समाप्ति का समाचार,
करता है विचित्र प्रहार ।।

मन है असमंजस में आज,
जब सुनी डिंग डांग की आवाज।
कर्म से शरीर का टूटा संबंध,
दरवाजे की ओर ना बढ़े कदम।
आई जब दूसरी बार पुकार
खोला बरसों से बंद द्वार।
खामोशी थी इधर भी, खामोशी उधर भी
ये मेरा भ्रम था, या तीव्र आशा मन की।।

10. भारतवासी

भारत देश हमारा महान,
भारतीयों का जग में नाम,
एक दूजे का करते सम्मान,
घर-घर में यहां मिलता ज्ञान।
खाली हो चाहे अपनी दुकान,
बेच देंते दूसरों का सामान,
फटी जेब, है हालत बेहाल,
फिर भी खाते पकवान।
कर जाते जो लेते ठान,
बना डाला देखो मंगलयान।
चाहे बदले हम अपनी चाल,
बदलता नहीं दिलों का हाल,
बनते एक दूजे की ढाल।
घर में चाहें ना हो स्थान
करें स्वागत जो आए मेहमान,
सबको देते पूरा मान
मेरा भारत है महान।।

11. लकीरें

भगवान ने संसार बनाया प्यारा,
किसने इसको तोड़ा, छोड़ा बेसहारा,
भूमि अंजन की निरंतर लड़ाई में,
खींच गई लकीरें समुंदर की गहराई में।

जमी बांटकर हम आसमां को भूल गए,
ऊंच नीच में बंटकर दिलों को तोड़ गए,
जातपात की दीवार को गिरा ना पाए,
इस सुंदर सृष्टि को बचा न पाए।

उठती थी जो आवाज़ एक स्वर में,
गूंजती थी प्रार्थना और कहीं दुआ,
ताकत और शोहरत ने किया उन्हें जुदा,
एक थे दिल जिनके वो भी हुए बेवफा

एकसी जमी एकसा है आसमा,
एक ही सब के लिए बहती हवा,
एकसा कल_कल करता पानी,
फिर एक दूजे को क्यों पहुंचाते हानि।

चारों ओर छाया दुश्मनी का अंधेरा,
समझौता एकता लाए रोशनी का डेरा,
अहंकार और ज़िद का छोड़कर साथ,
आओ थामे दोस्ती इंसानियत का हाथ।

धरती हार चुकी, रो रो कर पुकार उठी,
बहुत हुई लड़ाई, बन कर रहो भाई भाई,
ऐसा संसार बनाएं, जो ईश्वर मन भाए
भगवान के दुलारे, उसकी दुनिया संवारे।।

12. सफेद

इंद्रधनुष के रंगों को है ऊभारता सफेद,
शीतल चांदनी की सार्थकता है सफेद,
सजता जब मोतियों की माला बनकर,
सुंदरता में चार चांद लगाता है सफेद।

सफेदी हमारे तिरंगे में छाई है,
सुख शांति का संदेश लाई है,
सफेद है रंग उस चुनर का,
शहीदों की शहादत जिसे भाई है।

सफेद थे वो बादल कभी,
आज यूं बरस रहे सभी,
सफेद है रंग दूध का,
ऋण जिसका ना उतरे कभी।

सफेद तो है कागज़ भी यार,
कवि रचना का जिसे इंतजार,
स्याही से डाल देता जिस पर,
अपनी कल्पनाओं का अंबार।

सफेद को हमने लिया जान,
रंगों का तब हमें हुआ भान,
नेताओं के वस्त्र भी होते सफेद,
मन की सफेदी का पर होता सम्मान।

13. ख्वाब

चांदनी रात में भीगे हुए जसबात,
बंद आंखों से देखे हुए ख्वाब,
जैसे समुद्र की उठती लहरें
तटों से टकरा कर बिखरे।

सपने इंसान की जरूरत है
करनी अगर इन पर हुकूमत है,
खुली आंखों से बुन सपनों का जाल,
कर संघर्ष तू फिर चल अपनी चाल ।

जीवन में मकसद लेकर आते हैं ख्वाब,
कभी मुस्कान कभी आंसू दे जाते ख्वाब,
रोज नए ख्वाबों की करता तलाश मन,
ख्वाबों में आशाओं को पंख देता मन।

सपनों में अपनों से होती मुलाकात,
कभी गैरों से भी होती है बात,
मिल जाता है कभी राजकुमार,
कभी आ जाता है कोई कलाकार।

सपनों पर किसी का वश है कहां,
जान पाया ना कोई इसका अर्थ यहां,
कभी लगता ईश्वर का इशारा है,
कोई भ्रम जाल या उजाला है।

सपने ना हो अगर,
छाए घनघोर अंधेरा है,
सपनों की दुनिया में,
हिम्मत वालों का बसेरा है ।

सूरज की तरह रोशन करता ख्वाब,
जीवन में हमारे रस भरता ख्वाब,
चाहें पूरे हो ना हो तेरे ख्वाब
छोड़ना नहीं सजाना नए ख्वाब
चांदनी रात में देखो सुनहरे ख्वाब।

14. रात

कितने जज्बातों से जुड़ी ये रात,
जाने कितने ख्वाब बुनती ये रात,
हर दिन को खास बनाती ये रात,
राजदार सहेली होती है ये रात।

आसमान पे सितारों की चादर बुनती
तारों से जगमगाती है ये रात,
चांदनी की छटा बिखेर रोशन करती
हमें जीना सिखाती है ये रात।

अंधेरों के बाद होगा सवेरा बताती,
गम और खुशी में साथ निभाती,
प्यार में डूबी चांदनी से लिपटी,
सुकून भरे कुछ लम्हे दे जाती।

खामोशी में खुद से करती हूं बातें
याद आती है भूली बिसरी सौगातें,
इतनी बातें खुद में समेट कर,
दिलों को रोशन कर जाती ये रात
आशा की किरण दे जाती ये रात।।

15. आकाश

देख कर आकाश की प्रचंडता,
बादलों ने डाला बसेरा,
कभी गरजते कभी बरसते,
भेद ना पाते इसकी अखंडता।

इंद्रधनुष के सुंदर रंग,
सजाती सूर्य की किरण,
कोई न झुका सकता इसको,
निष्ठा से ना डिगा सकता इसको।

चांद तारे सब को लगते प्यारे,
आसमान पर नज़र ना डारे,
फिर भी सबको आश्रय देता,
बदले में ना ख्वाहिश करता।

जीवन जीना तू सीख इसीसे,
प्रभाव तुझपर ना पड़े किसीसे,
गगन की तरह कर्तव्य निभाना,
अपेक्षाओं को न मन में लाना।।

16. सावन

आंखें खुली तो नजारा कुछ और था,
इन हवाओं में तराना कुछ और था।
गुदगुदा रहा था मन,
हो रही थी हलचल
बादलों पर इंद्रधनुष ने बिखेरा था रंग,
देखते देखते घोर अंधेरा छाने लगा,
सूरज ऊंची चोटी का जोर लगाने लगा,
एक ना चली उसकी तब,
काले बादलों ने घेरा जब,
गरज गरज कर जल बरसाता
अपनी जीत का जश्न मनाता।

सब की यह प्यास बुझाता,
पतझड़ में भी फूल खिलाता,
पहली बूंद से जब हुआ मिलन,
हरियाली चारों ओर लाया सावन,
चिड़ियों की चहचहाहट से गूंजा आंगन,
सोंधी खुशबू में डूबा सारा वातावरण।

उदास बच्चों के चेहरे खिल उठे,
किसान वर्षा में झूम उठे,
हृदय ने ओढ़ा उल्लास का आवरण
हे वर्षा स्वागत करता तेरा कण कण।

17. तूफ़ान

आज सभी को है ये शंका,
चेतावनी का बज रहा डंका,
दिल दहलाने वाली आवाज़
तूफान का हो रहा आगाज़।

हवाओं ने अपना रुख है मोड़ा,
विशाल जड़ों को भी ना छोड़ा ,
देख नजारा कांप उठा तन मन,
आघात ये कैसे सहेगा घर आंगन।

तम तम बिजली चमके,
छम छम वर्षा बरसे,
दिनकर पर छाया अंधेरा,
बह गया कितनों का बसेरा।

डूब गए खेत खलियान,
सृष्टि ने खोई अपनी शान,
शक्ति यूं बिखर कर रह गई,
कुदरत के खेल में प्रकृति ढह गई।

क्षमा याचना करते सभी,
हाथ जोड़ प्रार्थना है यही,
इस कहर को थाम लो,
सभी को जीवन दान दो।

प्रकृति से जो मिला हमें,
ऋणी है हम उसके लिए,
फर्ज अपना हम निभाएंगे,
जिम्मेदारी से फिर बसाएंगे।
अनोखी दुनिया

जगमग आंखों ने एक सपना देखा,
सुंदर एक नगरी को अपना देखा,
आसमान में जलता चंद्रमा देखा,
धरती को तारों से सजा देखा।।

बादलों पर सैर करती जलपरियां,
लहरों में पंछी करते अठखेलियां,
पेड़ों पर आशियां बुनती मछलियां,
धरा पर देखी खिलती कलियां।।

तारों की चादर पर चलती,
हर मोड़ पर आहे भरती।
ओढ़ी पर्वतों ने चादर सुनहरी,
कैसी मायावी है यह नगरी?।।

मंत्रमुग्ध कर रहा ये भ्रम,
सच्चाई से दूर कर रहा भ्रम,
ख्वाब है, या है हकीकत,
सवालों में उलझा रहा मन।

आंखें खुली तो लगा ख्वाब था,
फिर क्यों एक सच्चा एहसास था,
दूर कहीं बसती होगी ऐसी दुनिया,
न जाने नाता मेरा क्या खास था।।

18. अनोखी दुनिया

जगमग आंखों ने एक सपना देखा,
सुंदर एक नगरी को अपना देखा,
आसमान में जलता चंद्रमा देखा,
धरती को तारों से सजा देखा।।

बादलों पर सैर करती जलपरियां,
लहरों में पंछी करते अठखेलियां,
पेड़ों पर आशियां बुनती मछलियां,
धरा पर देखी खिलती कलियां।।

तारों की चादर पर चलती,
हर मोड़ पर आहे भरती।
ओढ़ी पर्वतों ने चादर सुनहरी,
कैसी मायावी है यह नगरी?।।

मंत्रमुग्ध कर रहा ये भ्रम,
सच्चाई से दूर कर रहा भ्रम,
ख्वाब है, या है हकीकत,
सवालों में उलझा रहा मन।।

आंखें खुली तो लगा ख्वाब था,
फिर क्यों एक सच्चा एहसास था,
दूर कहीं बसती होगी ऐसी दुनिया,
न जाने नाता मेरा क्या खास था।।

19. बेफिक्र

हम खुलकर जीना चाहे,
ज़माना बंदिशें लगाए,
सवेरा क्यों न देर से आए,
रातें बातों में गुजर जाए।

बेसब्र है ये लोग ,
गलत सही तय करते,
बिन किसी को जाने,
अपनी राय बुनते।

सामना ज़माने का करें कैसे,
इनके इल्ज़मों से लड़े कैसे,
गलतफहमी को मिटा भी दे,
फैसलों को मगर बदले कैसे।

तय कर लिया हमने भी,
फैसलों से ना डरेंगे,
कहे ज़माना अब कुछ भी,
बेफिक्र हो कर जिएंगे।

20. नज़रें बोलती हैं

चुप है जुबां पर, नज़रें बोलती हैं,
इस दिल के सारे राज़ खोलती है,
परवाह ना करूं तो, झलकती नाराजगी
करूं परवाह तो बेचैन हो उठती हैं,
चुप है जुबा मगर, नज़र बोलती है।।

मेरी हंसी पर ठहर जाती उसकी नजरें,
मेरी खूबसूरती के उनमें होते चर्चे।
कहता मुझे, है तुझे गलतफहमी बड़ी,
फिर क्यों नजरें उसकी ढूंढे मुझे हर घड़ी।
चुप है जुबा मगर नज़रें बोलती है।।

चोरी चोरी देखे मुझे,
इजहार कभी न करें,
आंखें हर पल सराहे मुझे,
फिर क्यों दोस्ती का दम भरे।
चुप है जुबा नजरें बोलती है।।

नैनों में उसके जब भी झांकू मैं,
अपनी ही छवि उनमें पाऊं मैं,
एक पल जो, ओझल हो जाऊं मैं,
आंखों में घबराहट नजर आती है।
क्यों चुप है जुबा, जब नजरे सब बोलती है?।

21. पहली मुलाकात

दुविधा में मन है आज,
हर पल बढ़ रही वेचैनी,
और गुदगुदा रहे जस्बात।

ना जाने पूछेगा वो कितने सवाल,
ईमानदारी से दूंगी सारे जवाब,
करने है सवाल मुझे भी तैयार,
कहीं घबराहट में दूं न सब बिगाड़।

हो आमने-सामने जब दो अंजाने,
क्या कहें एक दूजे से ना जाने,
भोली मुस्कान से ढकते अपना डर,
चाय की चुस्की में लम्हे जाए गुजर।

धीरे से उसने फिर यह बात कही,
करो सवाल जो दिल में है कोई,
इतनी है बस मेरी ख्वाइश,
दिल से करना आजमाइश।

22. अजनबी

जिंदगी की राह में,
मुसाफिर है अकेले हम
अजनबी से यूं टकराए
साथ साथ चले हम।

रास्ते हो चाहे अलग,
एक हो मंज़िल हमारी,,
विचार हो चाहे अलग ,
पर लिखें एक कहानी!

जीवन में एक नया दौर छाए,
रिश्ता हमारा परवान चढ़ जाए,
दो अजनबियों की ये मुलाकात,
ज़िंदगी भर का साथ बन जाए।।

नोक-झोंक मीठी यादें है,
हर दिन नए वादे इरादे है
मोहब्बतों में बन जाते किस्से
जाने क्या आए हमारे हिस्से।।

23. नजदीकियां

रास्तों पर कभी हम यूंही चलते जाते हैं,
मंजिल लगती नजदीक पर फासले बढ़ जाते हैं,
जिसे दिल के पास रखना चाहते हैं,
वो हम से क्यों बिछड़ जाते हैं।

ज़िद्दी दिल करता मनमानी,
नज़दीकियों से घबराता,
दूरियां भी सह नहीं पाता।

फासले तो है मीलों के मगर,
ख्वाबों में नजदीक आ जाते हैं,
भूली बिसरी यादें साथ लाते हैं।

नज़दीकियां फिर आएंगी,
बहार बनकर छाएंगी,
नज़दीकियों के इंतजार में,
दूरियां भी कट जायेगी।

24. बेवफा

दिल को दिल से,
करनी है कुछ बातें,
थाम कर इस पल को,
करें एक दूजे से वादे।

मिल कर फिर तुमसे आज,।
सुनहरे सपनों ने दी आवाज,
सुंदर एक घरौंदा बनाएं,
प्यार विश्वास से उसे सजाएं।

साथ तुम जो हो मेरे,
चाहे दुनिया नज़रें फेरे,
महकेगा खुशियों से जहां,
इरादों से सजाएंगे आसमा ।

धीरे से जब उसने पलकें उठाई,
बातों से उसकी आंखें भर आई,
बोली वो अलविदा कहने आई,
लेनी होगी अब आखिरी विदाई।

एक पल में दिल तोड़कर,
उसने मारी ऐसी ठोकर,
देखा भी ना पीछे मुड़कर,
रह गया मैं वहीं ठहरकर।

दिल मेरा मुझे समझाता,
नफरत उससे कर न पाता,
बेवफा से वफा निभाता,
आज भी ये उसे ही चाहता।

25. अनजाना

रास्ते में कभी मिल जाएं अगर,
अनजान बन गुजर जाना तुम,
पहचान कोई करवा दे अगर,
अजनबी बन मिल जाना तुम

ना याद कभी आए तुम्हे,
बीती हुई बातों की,
उन टूटे वादों की।

उलझ न जाना फिर कभी,
उन कच्चे पक्के इरादों में
गलतियों और इल्जामों में।

भीड़ में भी है तन्हाई,
चुप के से नज़रें उठाई,
ढूंढती आंखों से मिलाई।

पल भर के लिए मिट गई दूरियां सारी,
बस हम दोनो थे उस पल के साथी।

ज़माने की नजरों से बचाकर
झुका लिए नैना फिर घबराकर।
समेटकर भावना के भंवर को,
समझाया फिर अपने मन को,
वहां नही है तेरा बसेरा
वो कभी नहीं था तेरा।

उस किस्से को बस किस्सा रहने दो
गुजरे कल को कल में रहने दो,
दिल पर ये इल्जाम रहने दो
इस मुलाकात को गुमनाम रहने दो।

26. टूटे रिश्ते

किसीको चाहे जब खुदसे ज्यादा,
वह चाहत भी उसे लगती है बाधा,
किसीको दूसरों की बातें लगती अहम,
तो किसीको प्रिय बस अपना अहम ।

कम ज्यादा की इस खींचा तानी में,
इल्जामों सबूतों की ताना बानी में,
छोटी छोटी खुशियां खो जाती है,
अच्छी यादें धुंधली पढ़ जाती है।

जिस घरौंदे को प्यार से था सजाया,
उसी प्यार ने सपनों को राख बनाया,
जहां कभी रातें भी करती थी बातें,
वहां आज दिलों में भी है सन्नाटे।

आखरी सांसे ले रहा हमारा ये रिश्ता,
अब बन न पाएगा जीवन का हिस्सा,
अलग अलग रास्ते यही है अब नियति,
टूटे रिश्तों में नहीं मिलती प्रेम की रति।।

27. अधूरे किस्से

किस्सा जो रह जाता अधूरा
मिटता नही यादों से पूरा
आंखों में नमी होठों पे मुस्कान
भीड़ में भी तन्हाई के समान

करते नैना एक झलक पाने की आस
गूंज उठे कहीं से फिर उसकी आवाज,
नादान दिल करता मिलने का इंतजार,
अधूरे किस्सों में पर होती खास बात।

छोड़कर इन किस्सों को पीछे,
आगे बढ़ चले हम ठान,
बैर रख कर जीने से,
होगी ना खुशियों से पहचान।

गुजरा लम्हा कोई आ जाए ध्यान,
होठों पर छोड़ जाए मीठी मुस्कान
अधूरे किस्सों को ही मिलता मान
मंजिल पाने वाले पाते नही जान।

किस्सा एक रहता हनेशा दिल के पास
जिसके अनुभवों से बनी शख्सियत खास
अगर हो जाए उससे फिर मुलाकात
करूंगी उसका सर झुका कर धन्यवाद।

पल भर के किस्से में थी कुछ बात,
अलविदा उसे जिसने दी ये सौगात,
किस्सा वो अधूरा सा
लगता है अब पूरा सा।।

28. औरत

हम कन्याओं को मानते देवी का अंश,
फिर क्यों जन्म के लिए करती संघर्ष।
लड़की के जन्म पर खुशी न मनाते,
गमों में उसे ही सामने खड़ा पाते।

पुत्र पुत्री में क्यूं करते फर्क
बेटियां तरसे पाने हक,,
बेटा वंश बढ़ाएगा ये माने जन ,
बेटियां तो होती है पराया धन।

लक्ष्मी मानकर पूजता जो
बेटी कहकर दुत्तकारे वो
कड़वी बातें सहकर भी
सेवा सबकी करती वो।

कमजोर समझकर जुल्म ढाते,
बेबस समझ कर जोर आजमाते ,
लड़की अन्याय सहती जाती,
अपने लिए आवाज न उठाती,
संघर्षमय जीवन हंसकर बिताती।।

29. धुंधला

चल रही थी एक पल को,
दूसरे ही पल मैं ठहर गई,
देखा जब पीछे मुड़ कर ,
स्तब्ध खड़ी मैं रह गई।

हवा का कोई झोंका था,
या धुंए का साया था,
हुआ पल भर में ओझल ,
जाने कहां से आया था।

नज़रे चारों ओर दौड़ाई,
बस सन्नाटा छाया था,
अंधकार से में घिरी ,
अकेलेपन का साया था

फिर मैं कुछ आगे बढ़ी,
इसी सोच में डूबी हुई,
थी हकीकत या कल्पना कोई ,
जो आज तक ना भूल पाई।

30. परमानंद

आनंद से भरा एक दिन हो,
करूं वही जो मेरा मन हो
ना कोई रोके ना कोई टोके,
उमंग भरा एक दिन हो ।

वक्त का ना हो ठिकाना,
नहाने का ना मिले बहाना,
मन चाहे वो भोजन पाना,
आनंद भरा दिन एक सुहाना।

कामकाज का ना हो भार
ना हो जवाबदेही अपार,
चादर में दुनिया सिमटी हो
आराम का ऐसा एक दिन हो।

बातों का ना हो शोर,
खामोशी हो चारों ओर,
विचारों में डूबी शाम हो।
जैसे कोई मिला वरदान हो।

शांति से होते कितने काम,
बेकार भागदौड़ पर विराम,
उस दिन की सार्थकता पहचान,
आनंद हो जब सुबह से शाम।

31. लेखक

कुछ लिखने की ख्वाहिश कर,
बैठ जाते है कलम उठा कर,
सोच हमारी रुक सी जाती,
बस रह जाते पन्ने पलट कर।

नए पुराने किस्से छेड़ कर
अनुभूति को शब्दों में कहने दे।
फिर कलम को हाथों में लेकर,
कोरे कागज़ पर भाव बहने दे,

आलोचना से करता संघर्ष,
इतिहास कविता से देता रच,
जैसे इंद्रधनुष से सजा आसमा,
सजा देता शब्द रंग से सच।

32. दोषी कौन

अकेले में मुझे विचार आया,
मन में ये विकार आया,
किसने मुझे असहाय बनाया,
क्यों न किसी को तरस आया।

ना लिखा कोई मौत का फसाना,
लूटा नहीं किसी का खजाना,
हिसाब जो पुण्य पाप का रखता,
मेरे कर्मों की भी गणना बताना।

मंदिरों के खटखटाए द्वार,
पढ़ डाली मैंने ढेरों किताब,
थक गया ढूंढते ढूंढते जवाब,
अंतः करण ने तब मारी हुंकार।

इल्जाम तू दूसरों पर डालकर,
ढूंढ रहा गलतियां किताबों में,
मर्म इसका छिपा तेरे अंदर
दोष ढूंढता उसके हिसाबों में।

करके विश्लेषण गलतियों का,
सीख उनसे आगे बढ़ जाना,
दोषारोपण का ना ढूंढ बहाना,
जीवन है अगर बेहतर बनाना।।

33. दिखावा

किसी का कभी जताना,
कभी उसका दिखाना,
मुश्किल है उसे समझाना।

रिश्तों का है ऐसा फलसफा,
कभी मोहब्बत कभी खफा,
दिखावा नहीं करती वफा।

फूलों का गुलदस्ता हो,
या हो मोतियों का हार,
दोनो की जगह है अलग अलग
चेहरे पे लाए खुशी की झलक।

दिल का यह लिफाफा,
बस प्यार से भर जाता,
संसार का लगता है मोल,
जसबात सदा होता अनमोल।

34. दुख एक भ्रम

चलते-चलते जीवन में
यह खयाल आया
दुखों का यहां साया।

अपेक्षाओं से हारने का दुख,
उपेक्षाओं से लड़ने का दुख,
अपने ही विचारों की उलझन से,
सुख की आशा से उभरता दुख।

ये मनुष्य है विचित्र प्राणी
जाने वाले का मोह करता,
मृत्यु नहीं है अंतिम कहानी
फिर क्यों देह का शोक करता।

सुख कामना ही दिलाती
दुखी होने का हमें भान,
भ्रमित करता यह मोह जाल,
हमारी गलतियों की बनता ढाल।

दुख के बीज हृदय में न पनपने देना,
धैर्य से अपना कर्तव्य करते रहना,
सुख दुख तो है समय का खेल,
इससे कभी ना विचलित होना।।

35. मृत्यु

जिंदगी देने वाले से क्यों शिकायत करते है
क्यों हर पल सुख की ख्वाहिश करते है,
जियो ऐसे हर पल जैसे खुशियां हजार ,
कर कुछ ऐसा रोना ना पड़े जाते हुए यार।

मृत्यु नहीं अंत जीवन का है नई शुरुआत
घबराना क्यूं हर दिन के बाद आती है रात
खुलकर जी जब तक है दुनिया का मेहमान,
कर पूरा ख्वाइशों को लक्ष्य अपना जान।

विदाई के लिए तू रहना हरदम तैयार
मौत से जो डरता वो मरता सौ बार
अलविदा कहना तू मुस्कुराकर
मुसाफिर कभी ना मानना हार,

जी जिंदगी अपनी शर्तों पर
मौत भी सोचे एक बार,
मजबूर हो जाए ईश्वर
देने कुछ सांसे उधार।

जीवन मृत्यु है धूप छांव के समान
मृत्यु भी करें जीवन पर अभिमान
सर झुका कर इसको कर स्वीकार
मिट्टी से बना इसी में मिलने को तैयार।

www.ingramcontent.com/pod-product-compliance
Lightning Source LLC
LaVergne TN
LVHW061618070526
838199LV00078B/7328
* 9 7 8 9 3 5 8 1 9 3 0 9 1 *